POEMAS

PRA CACHORRO

na alegria e na tristeza

Simone Pessoa

BOM DIA! BOM DIA! BOM DIA!

Quando o dia começa
Mal me espreguiço na cama
És o primeiro a me saudar

Tua alegria, teu entusiasmo
Contagiam e me ensejam à celebração
Afago-te, abraças-me

Por instantes, torno-me criança
Jogo bola, corro atrás de ti, me divirto
Mas logo me recomponho
Quando o dia avança
Teu olhar onipresente, canino
Entendes minhas falas, meus silêncios
Pressentes meus gestos, minhas intenções
No corre-corre da vida
Enquanto me sondas
E aspiras a minha atenção
Te devolvo pressa e distração
Mas paciente e generoso
Esperas por mim
O tempo que for preciso
Sabes o quanto careço
De tua presença, de tua devoção
Dos teus jogos, das tuas graças

Sem isso, envelheço

Simba (6 anos): meu presente, garantia de alegria.

PASSEIO

6

Presa à coleira, a menina passeia
   Guiada pelo cachorrinho branco
Ela sente os cheiros do mundo
   Os cabelos balançam ao vento

Cumprimenta um e outro
   Mas que não se demore!
Pois o cãozinho não deixa
   Tem suas urgências caninas

A menina quer apanhar uma flor num jardim
   Mas o cachorrinho tem um encontro com
   o poste

Ela contempla o céu
   Mas ele puxa a coleira
Ela se volta para o chão
   Ele a quer inteira

Ele aponta o caminho
   E sinaliza a cadência, o ritmo
Afinal, ele é quem manda
   E ela é quem obedece feliz

Yuki (2 anos), extremamente leal e teimoso.

Deitado no chão
Finjo que durmo
Horas se preciso for
Atento aos movimentos dela

Nem sempre ela me recompensa
Já o celular ganha mais atenção
Está sempre na mão ou colado ao rosto dela
Como se fosse mais merecido...

Por que ela não se cansa dele?
Eu não me canso de fazer guarda a ela
Todos os meus fios de pelo
Estão ligados ao que Ela faz ou deixa de fazer

Já o celular não tem nenhum sentimento
E rouba todo o tempo e a energia dela...
Tudo que eu queria para mim

NA JANELA DO CARRO

No banco de trás
Ele viaja feliz
Põe a cabeça na janela
Entregue aos mistérios do tempo
Se deixa acarinhar pelo vento
Sente os cheiros do mundo
Capta cores e sons diferentes
Com a língua de fora saboreia o frescor do ar
Uma delícia!
Se pudesse passaria a vida na janela do carro

Tonico Carvalho (8 anos), mais companheiro e
inteligente impossível.

ALEGRIA, ALEGRIA

Um faz que vai e não vai

Um pega-pega

Um esconde-esconde

Um cabo de guerra

Um assobio

Um estalar dos dedos da mão

Uma bolinha amerela

Um galho qualquer

Um simples chamado

Senhas para a alegria

É hora de brincar, correr, rir

E ser feliz

Pandrora (4 anos), sempre presente, tipo: estou aqui
com você pra o que der e vier.

Se vou para a cozinha, lá vem ele
Se vou para o quarto, logo ele chega
Se vou ao banheiro
Ele fica ao pé da porta esperando

Se me deito no sofá para assistir à tevê
Ele finge também assistir
Se o chamo para brincar
Ele dá um pulo e já corre brincando

Se eu for sair então
É o primeiro a ficar pronto
Mas se eu não o levar
Coitado, fica tão triste...

Se eu o incluo na saída
A alegria é imensa, desmedida
Balança o rabo e o corpo todo
E eu me alegro com sua alegria

Nesses rastros de contentamento

Não há espaço para a tristeza

Brisa (4 anos), tanto é carinhosa quanto brincalhona.

O GATO

Au au au
O gato faz miau
Seu nome é Marechal

Vive por aqui
Me faz de trampolim
E quer mandar em mim

Enquanto pastoro a casa
Quando chega à noite, ele vaza
Sobe no telhado e no muro
Sem medo de escuro

Depois da farra
Da noite mal dormida
Chega todo sonso
Mia pedindo comida

E minha bondosa dona

Nunca briga e se posiciona

Acolhe e acarinha o ingrato

Para quê tanto aparato?

Amora (6 meses), sapeca demais, adora brincar e comer.

SÓCIO

Sócio de todas as bananas do mundo
Não coma banana na frente dele
Ele vai exigir seu quinhão

Quando descasco uma banana
É um pedaço para ele, outro para mim
Um para ele, outro para mim
Até a banana acabar

Comer banana a dois é tudo de bom!
Manga, então, nem se fala!
Mas ração é exclusividade dele...

Chico (8 anos), "vida da minha vida", é o que diz sua
dona Lígia

ARMADILHA

Ele chega de mansinho
Quer chamego, o carente
Põe a cabeça em meu colo
Mimo a criatura e consolo

Ocupada, não lhe dou atenção
Mas quando ele se deita no chão
E de barriga para cima
É o mote que não posso resistir

Dessa armadilha eu não escapo

Peter (4 anos), amigo sincero, ama brincar e correr atrás das coisas.

MEUS HUMORES

Ele fareja minha tristeza

E tenta me distrair

Traz um brinquedo para perto

Sua isca para me atrair

Seu olhar carente de alegria

Encontra brechas em minha apatia

Arrisca umas lambidas para me ativar

E feliz me convida para brincar

Tão pequeno, mas tão disposto

Não consigo acompanhar

Sempre sou eu que desisto

Muito raro ele cansar

E o danado me conhece bem...

Observa meus trejeitos

Para cada humor meu

Ele age de um jeito seu

E me guia para um mundo melhor

INTÉRPRETE

Ele entende o que falo

Palavras, expressões, tira de letra

Não, senta, coma, beba água

Venha cá, espere aí, vamos passear,

Vamos pra casa da vovó

Ele balança o rabo cotó

Está na hora do almoço

Venha, pegue seu osso

Seu remédio, venha tomar

Vamos agora nos deitar

Tudo ele interpreta

Está na hora do banho!

Essa última ele deleta

Finge não entender

Esperto, só traduz o que lhe dá prazer

Pancho (4 anos), o bebezão da casa.

ENCONTRO

Chego em casa

Antes de abrir a porta

Ouço rumores

Alguém já está de prontidão

Quando a porta se abre

Uma festa me aguarda

Posso estar cansada, apressada

Não importa

Tenho que entrar no clima

Mal me desvencilho da bolsa

Tenho que abraçar a comissão de frente

Se não, au au au au

Os protestos são estridentes

Não adianta eu ser breve ou superficial

Tenho que me entregar por instantes

Afinal estivemos algumas horas separados

Mas se forem minutos também é do mesmo
  jeito

Cada minuto de separação é sentido

Cada encontro deve ser celebrado com festa

Tapioca (7 anos), o gerente da rua, o mais folgado da casa.

TRAQUINAS

Inventa jogos, traquinagens
Todo trapo lhe desperta a ação
Quando cai uma coisa no chão
Ele é o primeiro a pegar
Entre as canelas da gente
Não se cansa de passar

Bola, graveto, meia, botão
São objetos de predileção
Quanto mais se a gente desejar
Se não, ele esquece e deixa pra lá

Nessa terra de gigantes
Com tanta luz, tanto ruído
Um mundo tão colorido
Brincar de túnel ou de rapel
Tem para ele um quê de céu

Kiara (4 anos), entente tudo o que se fala e
extremamente gulosa.

INTRUSAS

Afora as visitas

Frequentam nossa casa as formigas

Uma lagartixa, algumas baratas

Não me incomodam as formigas

Elas estão sempre em ação

Carregando seus alimentos

E não mexem na minha ração

A lagartixa chegou aqui

Nem sei como e quando

É discreta, não chama atenção

Vive a se esconder atrás do balcão

Já as baratas

São umas fingidas

Além de rápidas, são atrevidas

De vez em quando, chamam atenção

Minha dona se assusta com elas

Por isso, peguei antipatia pelas baratas

Quando avisto uma delas, ponho-me a latir

E corro para a abater ou banir

Mas elas são espertas

Quase não consigo pegar

E quando acontece

Faço questão de a ela mostrar

Sozinho, a esmo

Percorrias as ruas da cidade

Fuçavas lixeiras

Não usavas coleira

Não guardavas ninguém

Nem nome tinhas

Dormias ao relento

Passavas fome e frio

Não tomavas banho

E corrias o risco de ser atropelado

Um dia, teu olhar encontrou um anjo

Um anjo sensibilizado te acariciou

Convidou-te a segui-lo

Ofereceu-te um lar

Casa, comida, pelo lavado

E amor, muito amor

Um anjo que cuida de outro

E vice-versa

Se isso não é o céu

É bem parecido

Pandora (2 anos), amor que transborda.

EMBATE

Acena para mim a alegria
Toda hora, todo dia
Tão constante, tão insistente
Que às vezes fico ausente

E deixo-me enganar pela tristeza
Traiçoeira, insidiosa, opressora
Camuflada, enganadora

A alegria precisa de pouco
Um punhado de ração e carinho
A tristeza quer angústia e pranto
Hesito entre as duas no entanto

Nos últimos tempos
Recorro à alegria, a leveza
Ela late e espanta a tristeza

Pisco o olho e sorrio
Ela balança o rabinho
Somos cúmplices

Sukita (3 anos), meio princesa, meio moleca, a alegria da casa.

RUMO À ETERNIDADE

Sol e chuva
Manga e uva
Atenção e rogo
Brincadeira e jogo
Mamão e jaca
Xixi e caca
Noite e dia
Prazer e alegria
Brincar e correr
Passear e comer
Osso e ração
Carinho e atenção
Vigia e guarda
Branca e parda
Maciez e fofura
Pureza e candura
Silêncio e rumor
Fidelidade e dispor
Chinela e meia
Rasga e enfeia

Rabo e pata

Fuça e cata

Honra e bravura

Bondade e ternura

Amor e amizade

Rumo à eternidade

Bono Vox (13 anos), amoroso, guarda amigo e fiel.

AMORES DE QUATRO PATAS

Lispector amava Ulisses

Saramago, o seu Camões

Woolf vivia com Pinka

J.K. Rolling adotou Sapphire

Kafka e seu amor canino

Amado e Zélia adoravam Fatul

A rainha Elizabeth, os seus cachorrinhos

Não sou escritora célebre

Muito menos rainha

Mas amei Hércules

E agora o Simbinha

E NA TRISTEZA . . .

MINHA SOMBRA

Minha sombra se foi
Não importa que o sol brilhe
Que a lua ensaie a penumbra
Que a vela vele meu ser
Não importa
Minha sombra se foi

Me deixou aqui sozinha

Sem trégua, sem nexo
E desolada estou
Sem reflexo
Sem alegria
Vazia
Vazia

Para que tanta luz
Tanto espaço, tanta beleza
Se minha sombra não me conduz?
Que adianta correr, brincar, dançar
Se ela não me acompanhar?

Tornar-me-ei louca varrida

A varrer as calçadas da vida

Para quê?

Se nada me exprime, nada me imprime

E sem me ver refletida

Quem me valida?

Só me resta ficar por aqui

No vazio desse instante

A esperar resignada

Que a dor da ausência estanque

E quem sabe entre o não e o sim

Uma outra sombra desponte

E tenha compaixão de mim?

ENQUANTO

Enquanto eu arrumava as malas

Você entristecia

Enquanto eu partia

Você se despedia

Enquanto eu viajava

Você de saudade sofria

Enquanto eu cortejava um corvo

Você morria

Lina (10 anos), uma birrentinha bem amorosa.

SE

Se eu tivesse chegado mais cedo...

Se eu nem tivesse saído

Se eu tivesse sido mais cautelosa

Se eu tivesse prevenido

Se eu tivesse prestado atenção

Se eu tivesse percebido os sinais

Se eu tivesse entrado em ação

Talvez você ainda estivesse aqui

DENTE-DE-LEÃO

Vejo-o alegre ao vento
Dançante, esvoaçante
Lindo, felpudo, aveludado

Sua brancura: suavidade
Pura graça, ternura
Espontaneidade

Ah, que vontade de tocá-lo!
Contê-lo por instantes
Só para mim...

Mas o peregrino não se me permite
Quer se deixar livre pelos ares
Sem amarras, sem apegos

Quer transpor cidades, serras, mares
Em busca de venturas
Novos e desejosos olhares

Quem sabe um dia ele volte

Busque um aconchego
casual
E venha deitar sua pluma
Em minhas mãos, afinal?

Hércules (11 anos), meu passado, meu dente-de-leão.

QUE ASSIM SEJA!

Que lição me darias
Se ainda estivesses aqui?
Por certo, mesmo sem mim
Estarias sereno, atento
Aberto aos apelos do mundo
Brincarias saltitante
Para o deleite de outrem

Já eu sem ti
Sinto-me mutilada
Um buraco, uma ferida inflamada
Que não cicatriza
Fonte de lágrimas
Que banha a dor que não passa

Reluto em pôr outro em teu lugar
Uma prótese me causa estranheza
Conexões, ligamentos incômodos

Mas eis o que me resta:
Um braço, uma perna mecânica

Para revisitar as veredas

Que percorremos em festa

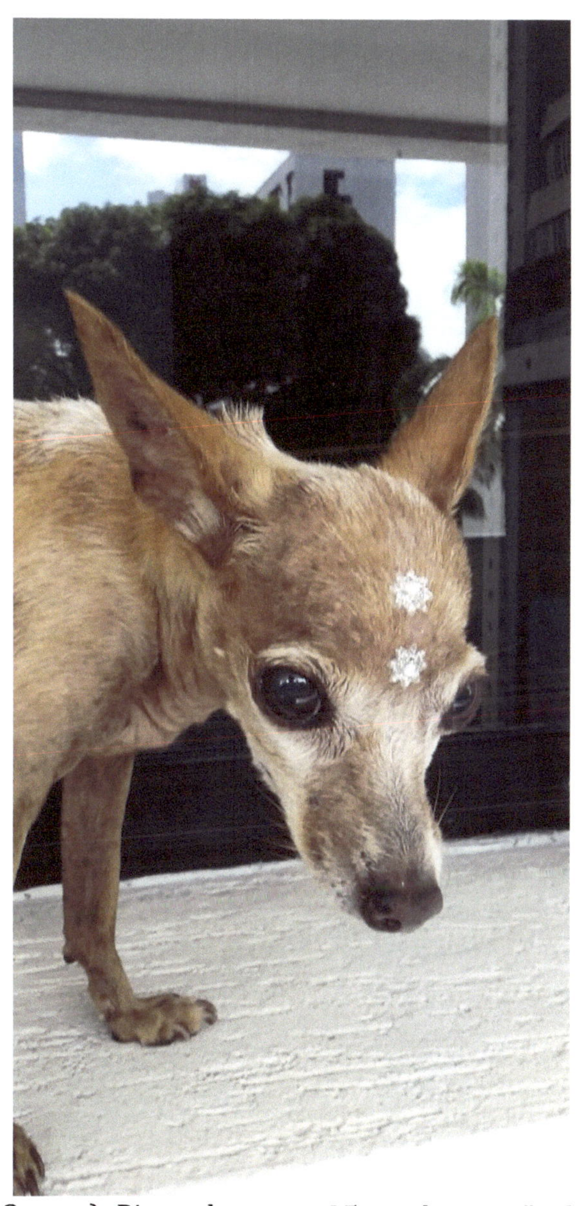

Bia (12 anos): Pingo de gente, 25 cm de pura "valentia".

(IN)COMPLETA

Foi te perdendo que te ganhei

Ontem te tinha nos braços

Hoje te tenho nos sonhos

Todo entranhado em mim

Se perdi contato físico

Ganhei consciência da dor

E de forma dolorosa ganhei

Ganhei musculatura e fulgor

Incompleta

Sem a inteireza de outrora

Perdi a ilusão do eterno

Mas ganhei a clareza do fim

Sob o domínio da solidão

Empinei meu escudo

Tua ausência

E, avante, sobrevivi.

Duda (4 anos), amiga fiel, sempre atenta à
segurança da família.

FANTASMINHA

Saudade de meu cãozinho

Tão puro, tão macio

Plumas de algodão...

Um dia se encantou

Virou sementinha voadora

Dente-de-leão que cruza meu caminho

Um pequeno (e)terno fantasminha

Nana (11 anos), sua vida é comer banana e dormir.

PEDAÇOS

Ainda hoje sinto tua falta
Lágrimas estão à espreita
Prontas para desaguar
E desfazer minha máscara

Falta um pedaço de mim
Que não se regenera
E mesmo sem existir
Me martela, me deprime

Tornei-me uma eterna mutilada
Por mais que surjam outros
Nenhum ocupará teu espaço
Até o fim de meus dias

Para me conformar, costumo pensar
Sou um pedaço de ti que ainda vive
Que vagueia por este mundo
Tão somente para marcar tua presença

Um pedaço de mim foi-se contigo
Um pedaço de ti vive em mim

Duda (1 aninho), ligada 24 horas por dia, foi adotada e virou princesa.

ESCOLHIDA

Foste tu que me escolheste
Eu andava só no mundo
Quando tu me seguiste

Tentei resistir ao teu assédio
Não queria assumir mais ninguém
Una me sentia mais leve

Mas tu não desististe de mim
Estavas faminto
De comida e de carinho

Afaguei teu pelo
Senti tua maciez, tua doçura
Teu calor derreteu minha frieza

Deixei então que me seguisses
Me acompanhaste até em casa
Como um honrado guardião

Hoje divido minha casa contigo
Tua solidão fez companhia à minha
Tornamo-nos um par inseparável

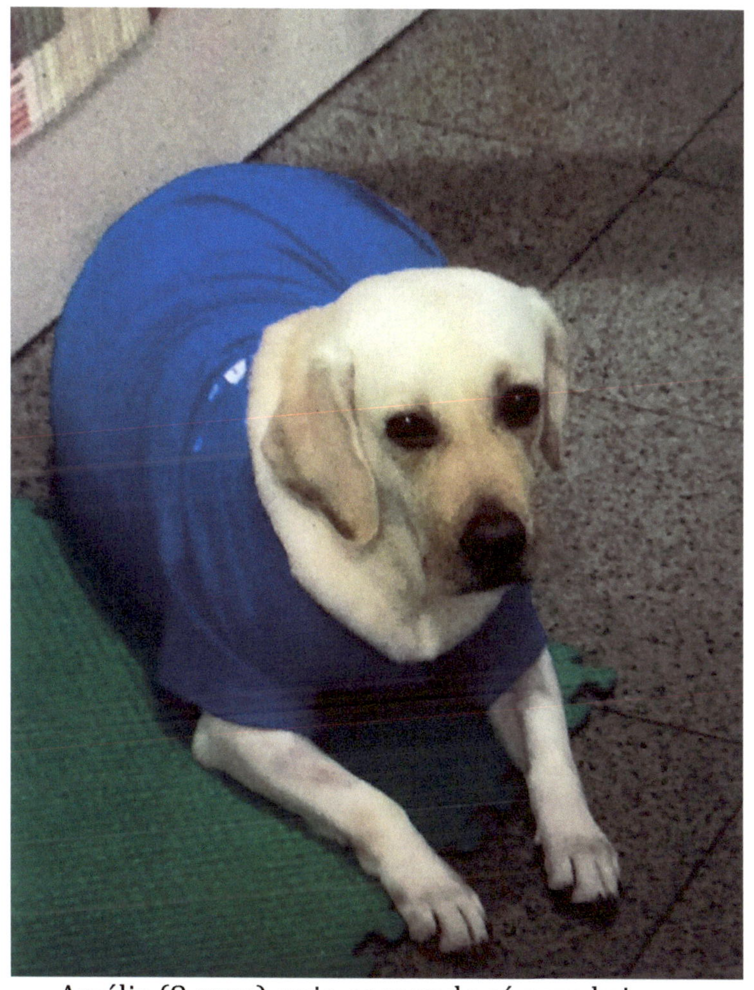

Amélia (8 anos), veio ao mundo só para brincar.

MONÓLOGO DE UM CÃOZINHO

Vimos um cachorro sozinho

Tinha um cheiro forte

Pois o felizardo não tomava banho

Era livre sem coleira

Fuçava os cantos da calçada e a lixeira

Faminto, procurava comida

Devia viver solto nas ruas

Sem endereço fixo

Sem ter que guardar ninguém

Talvez nem nome tivesse

Fiquei pensando se valia a pena tanta
  liberdade

Liberdade demais torna a gente prisioneiro

Da sorte e da solidão

Olhei para minha dona, ela olhou para mim

Acho que ela adivinhou meus pensamentos...

Bobby (5 anos), "nos recebe como se fôssemos reis e nos ensina todos os dias o que é o amor."

SAUDADE

Faz tempo que partiste
Mas lembro tanto de ti...
Teu olhar penetrante
Ainda hoje está cravado em mim
Teu pelo macio
Teu corpo morno no meu colo
Teu caminhar saltitante, meio bambi
Teu rabinho frufru
Tua alegria
Teu deslumbramento pelo mundo
Tua entrega e devoção
Que sei não encontrarei
Senão em alguém como tu
Uma reedição de ti